Einfälle in der Kirchen*bank*

Willibald Troemer

EINFÄLLE in der Kirchenbank

Ein Christ sieht über seine Zeit hinaus bis in die Ewigkeit …

mit Zeichnungen von Dieter Hömer

benno VERLAG

Kirchliche Verschlossenheit

Ein Christ steht wiedermal davor –
verschlossen ist das Kirchentor
und bleibt auch zu den ganzen Tag.
Wo kann man beten, wenn man mag? –
Weil Dieb und Schmutzfink hier verkehrt,
wird den Besuchern jetzt verwehrt,
was vielen – gottlob – wichtig ist,
was man nun aber sehr vermisst:
Ein Raum zur Andacht, zum Gebet,
zum Meditieren früh und spät,
zur stillen Einkehr, zum Besuch,
zum Lesen auch im Heil'gen Buch.
Verschloss´ne Kirchen sind nicht gut.
Drum Steuerzahler fasst den Mut
und fordert laut: Öffnet das Tor!
Lasst uns hinein und nicht davor.

Die Nase bringt's

Ein Christ, vorsorglich früh gekommen,
wird schon flankiert von andern Frommen,
die warten in der Kirchenbank
auf Liturgie und Chorgesang. –
Er konnte sich zunächst noch sammeln,
doch ist sein Denken jetzt am Gammeln.
Die Sinne spielen ihm den Streich
und lassen im Altarbereich
auch Bilder zu und Vorstellungen,
die geistlich ganz und gar misslungen.
Denn links der Nachbar riecht nach Bier,
der Küchenduft kommt von Bank vier,
und so entsteht als Bild in Raten
gedeckter Tisch mit Sonntagsbraten. –
Von hinten schleicht sich langsam ein
Parfümgeruch von Rubinstein. –
Von vorn kommt hustend,
schnaubend, keuchend,
Gewürztes, Medizin vortäuschend.
Geschwind entsteht ein zweifach Bild:
"Pariser Leben" – kalter Wind.
Den Theologen, die drum ringen,
Welt in Kirche einzubringen,
wird bewiesen in der Bank,
das klappt doch alle Nasen lang.

Qual der Wahl

Ein Christ las jüngst im Sonntagsblatt:
„Wo finden Gottesdienste statt?"
Dann folgte prompt ein Angebot
vom Morgen- bis zum Abendrot.
Vier heil'ge Messen, sechsmal Amt,
10 Gottesdienste insgesamt.
In einem singt der Kirchenchor,
vom Opernhaus dort ein Tenor.
Hier spielt die neue Jugendband,
Choralamt ist in St. Clement. –
„Wir weihen uns're Orgel ein!" –
„Bei uns wird Bischof Polo sein!"
Hier wird ein Meister vorgestellt,
dort ein Problem der dritten Welt.
„Zur Schubertmesse laden ein
der Pfarrer, der Gesangsverein." –
Bleibt es dem armen Christen klar:
um Christus geht es am Altar?

Wer zu spät kommt

Ein Christ, der in die Kirche geht,
kommt niemals ohne Grund zu spät:
Der neue Hut, der Sohn, der fällt,
ein Kind, das sich nicht brav verhält,
der Nachbar, der erst gehen soll,
der auf ihn wartet sehnsuchtsvoll,
ein kleines Schwätzchen unterwegs,
Herr Huber kommt, man fragt: Wie geht´s?
Die Litfaßsäule spricht ihn an:
Heut Abend Tanz! – Filmfest in Cannes!
Das kostet Zeit. – Er eilt sich jetzt,
sein Frauchen ist's, die sich nun setzt.

Sie liest im Super-Lettern-Stil:
„Sei schlank mit neuem Essgefühl".
Bis sie begreift, wo man´s erhält,
hat's in der Kirche schon geschellt. –
Jetzt eilen sie in´s Gotteshaus,
die Messe aber ist bald aus,
die Kirchenbänke voll besetzt.
Der Christ ist darob ehrverletzt.
Das Frauchen sagt: „Die Zeit ist knapp.
Dein Freund holt uns mit Auto ab."
Der Jüngste hat das auch gehört
und läuft zur Tür. – Er ist empört.
Doch draußen stellt er sachlich fest,
dass man den Freund nicht warten lässt.

Hörerstress

Ein Christ hört eine Predigt an
und denkt dabei, dass der was kann,
der Schrift und Väter oft zitiert,
und dass nichts taugt, wer sich geniert,
Probleme klar ins Wort zu fassen
doch bloße Andeutung zu lassen.
Dem einen hört er gerne zu,
der stört ihn nicht in seiner Ruh,
er sagt ihm, was er eh schon weiß,
da werden keine Ohren heiß.
Doch kommt einmal ein rabiater,
ein wirklich hochbegabter Pater
und rüttelt auf ihm sein Gewissen:
den möchte er viel lieber missen.
Des abends nach dem zweiten Bier
fragt er sich noch: Was wollt' der mir?
Kann ich dem sanften Frieden trauen?
Gott mag doch nicht die allzu Lauen.
So hat sich oft schon eine Predigt
mit dem „Amen“ nicht erledigt.

Moderner Dichter

Ein Christ hört sich Gebete an,
die selbst geschrieben irgendwann
in zeitgerecht, moderner Form,
stark abweichen von Messbuch-Norm. –
Der Geist weht freilich, wo er will.
Bestimmt hat jener nicht zuviel,
der, in den eignen Text verliebt,
vor allem diesen weitergibt.
Das jedenfalls bedenkt der Christ,
dem Wort und Kirche heilig ist,
doch beides nur durch Nebel sieht,
wenn Pfarrers Liturgie erblüht.

Ehrfurcht gefragt

Ein Christ beugt seine Kniee gern
aus Ehrfurcht vor dem höchsten Herrn.
Die Liturgie regt dazu an,
dass er auch stehn und sitzen kann. –
Nicht vorbildlich sind aber die,
die fernab jeder Liebesmüh,
ganz lässig den Altardienst tun.
Man frage nicht, zu wessen Ruhm. –
Wer lieber schlampig ist und keck,
der bleibe vom Altartuch weg.
Wo Heiliges im Raume ist,
bedenke dies, wer du auch bist,
das höchste Gut, der größte Schatz,
da ist die Ehrfurcht recht am Platz.
Darum muss klar sein jedermann,
dass ohne niemand bleiben kann.

Ersatzpriester?

Ein Christ fährt sonntags lieber fort. –
Zwar ist die Kirche nah´ am Ort,
doch bleibt er fremd, weil es ihn stört,
dass man auf Rom dort nicht mehr hört.
Der Laie, der da ´Kirche´ macht,
von manchem sehr mit Lob bedacht,
will gar nicht, dass ein Priester kommt,
betont dies auch, sagt jedem prompt:
„Bin ich denn nicht wie er versiert?
Hab´ ich denn nicht noch mehr studiert?"
Dies sieht und spürt und hört der Christ,
der deshalb jetzt woanders ist.

O welch ein Duft

Ein Christ flieht in die letzte Bank,
denn Weihrauch ist für ihn Gestank.
Der Nachbar lobt und preist den Herrn,
er riecht den Kirchenduft zu gern
und borgt sich sogar Weihrauch aus,
holt sich den Wohlgeruch ins Haus. –
Es ist auch in der Kirche so:
nicht jeder Duft macht jeden froh.
Was einem innerkirchlich stinkt,
dem andern Himmelsfreuden bringt.

Titanenkampf

Ein Christ kann ihn nicht gut befinden,
den Machtkampf zwischen vorn und hinten.
Da spielt die Orgel hinten vor,
doch vorne singt schon der Pastor.
Drauf setzt der hinten tutti ein
und macht den Sänger vorne klein.

Nun kommt der Pastor recht in Fahrt,
sieht seinen Vorrang nicht gewahrt,
singt, eine Pause pfiffig nutzend
und einen falschen Ton benutzend.
Das Kirchenvolk stimmt brav mit ein,
der Organist schaut jetzt dumm drein.
Doch rächt er sich auf seine Art,
hat Dissonanzen schnell parat
und schmettert sie hinein ins Lied.
Da wird des Pastors Stimme müd. –
Was soll ein Christ noch dazu sagen?
„Das hat sich wirklich zugetragen!"

Feste feiern!

Ein Christ erlebt mit großer Freude
das Hohe Amt am Festtag heute.
Ihm ist es jedenfalls zu trist,
wenn auch die Messe nüchtern ist
wie jeder Alltag im Betrieb.
Darum ist ihm besonders lieb,
dass er nach einer harten Zeit
jetzt miterlebt die Festlichkeit.
Zu kurz kommt werktags das Gemüt.
Wenn das auch sonntags noch geschieht,
dann fehlt die Kraft zur Fröhlichkeit
und Krankheiten sind nicht mehr weit. –
Drum singt und jubiliert er mit
und der Verstand hält dabei Schritt;
denn Messe feiern will auch sagen:
Der ganze Mensch ist eingeladen.

Sing mit

Ein Christ, der gern und auch gut singt,
ist bass erstaunt, dass ihm gelingt,
wonach er jahrelang gestrebt,
dort mitzusingen, wo er lebt. –
Die Pfarrkirche, die er sonst flieht,
weil musikalisch nichts geschieht,
lässt heute Orgelklänge zu,
die ihn begeistern. Und im Nu
fühlt er, der sonst dahingedöst,
sich jetzt erhoben und erlöst.

Verbesserungswürdig

Ein Christ, sehr oft in Gotteshäusern
mal hier, mal da, der kann sich äußern
zu Herrenmahl und Liturgien
und auch sein Tun mit einbeziehen.
Die Gläubigen im Sommer frieren,
wenn Geistliche nur zelebrieren,
wenn die Besucher nur besuchen,
um Christsein somit abzubuchen,
wenn Märchentanten (-Onkel) Lesung lesen,
ist diese Müh' umsonst gewesen.
Wo Organisten Strophen hetzen (schleichen),
da wird man Singende verletzen.
Ohn' Fehl ist nun mal nichts auf Erden,
es könnte aber besser werden,
ließe man mehr Sorgfalt walten,
den Gottesdienst recht zu gestalten.

Meistersänger a.D.

Ein Christ im Kirchenchor schon lange,
ein Träger gold´ner Sängerspange,
versucht es, doch will´s nicht mehr klingen.
„Soll ich denn aufhören zu singen?" –
„Ja, liebes Mitglied, hab den Mut
und nimm jetzt deinen Sängerhut,
dann setz dich in die Bank wie eh´,
denn Zuhören bringt niemand Weh.“

Ein neues Lied

Ein Christ bemüht sich schon seit Jahren,
die alten Lieder zu bewahren,
die mancher innerkirchlich pflegt.
Heut´ gibt er zu, nicht ohne Stöhnen,
dass auch bei vielen neuen Tönen
sich innermenschlich etwas regt.
Alte Lieder, neue Lieder,
wer sie hört, erfährt es wieder,
sind vom Zeitgeist mitgeprägt.

f

Der Lektor

Ein Christ, als Lektor eingesetzt,
hat schnell die Lippen frisch benetzt,
damit die Lesung gut gelingt
und möglichst in die Herzen dringt.
Nun nimmt er Positur und spricht,
schaut öfter hoch, zeigt sein Gesicht,
blickt auf und nieder immerzu
dies lernte er im Kurs dazu. –
Wie schade, dass er falsch belehrt,
jetzt liest und blickt er oft verkehrt.

Sonntagsruhe ade

Ein Christ erwacht am Sonntagmorgen.
Gut gelaunt, fast ohne Sorgen
freut er sich der Sonntagsruh,
sucht seinen Schlips, die guten Schuh
und geht dann schnell zur Kirche hin.
Nichts anderes hat er im Sinn. –
Heimkehrend wird er dann gewahr,
die Sonntagsruh ist in Gefahr.
Hier wird ein Auto repariert,
dort eine Wohnung tapeziert.
Ein Mofarennen um den Platz
bewirkt Gebell und Hundehatz.
Fünf Buben warten mit Gepäck,
zum Sport fährt sie ein Kleinbus weg.
Im Schrebergarten, nicht weit drauß,
zimmert wer ein Gartenhaus. –
Dies und mehr noch. Es ist wahr:
Die Sonntagsruh´ ist in Gefahr!

Liebe feiert

Ein Christ vermag es nicht zu sagen,
was er im Gottesdienst erlebt,
denn jeglich Wort muss hier versagen,
das ausspricht, was ihn so erhebt.
Doch eines kann er, gut zuraten:
Geh´ in das Festhochamt hinein.
Verlass dich nicht allein auf Taten,
Liebe will auch gefeiert sein.

Die Zeit läuft ab

Ein Christ ist oftmals sehr bedrückt,
nachdem er auf die Uhr geblickt,
denn immer wieder jetzt und dann
fängt der Pastor unpünktlich an.
Doch was der Christ nicht wissen kann,
erlebt indes der Sakristan:
Ein Ministrant kommt angerast,
schnell zieht er an, was ihm nicht passt.
Gleich wieder raus aus dem Gewand,
ein and´res hängt ja an der Wand.
Den Gürtel um, doch was ist das? –
Der passt wohl eher um ein Fass.
Nun wird der Richtige gesucht,
der Zeiger läuft, der Pfarrer ruft.

Da wird die Türe aufgerissen,
und Nummer zwei kommt dienstbeflissen.
O weh, wie seh´n die Schuhe aus!
Er soll ganz schnell noch mal hinaus,
denn so was muss man sich verbitten,
wo ist er nur hineingeglitten?
Die Haare sind noch nicht gekämmt,
weil er sich spät vom Bett getrennt. –
Dann ist es endlich doch soweit.
Der Christ seufzt: „Wieder nach der Zeit."

Friedensgrüße

Ein Christ, der Friedensgrüße tauscht,
auf Gesten achtet, Worten lauscht,
ist nicht begeistert bei dem Tun,
ließ seine Hände lieber ruh´n,
will aber nicht unhöflich sein.
Doch Hände schütteln, muss das sein? –
Ein Zunicken, ein Lächeln, ja,
als Friedensgeste durchaus klar
und ohne jede Peinlichkeit.
Dazu wäre er gern bereit.

Prozessionsfreude und -leid

Ein Christ geht gern zu Prozessionen.
Zugleich will er damit betonen,
dass er nicht einsieht, wenn man streicht,
was Christen auch zur Ehr gereicht. –
In diesem Jahr möchte er finden,
wo Traditionen sich verbinden.
Ein Dorf kommt ihm da in den Sinn,
und zu Fronleichnam fährt er hin.
Zunächst scheint alles gut zu gehen,
die Blumen leuchten, Fahnen wehen,
und die Altäre sind geschmückt,
die Vorbereitung ist geglückt. –
Nun geht der Christ mit andern Frommen,
die auch zur Prozession gekommen.
Gebetet wird, Musik spielt auf,
jedoch – sie hat nur Märsche drauf.
Kein Lied erklingt, erst nach dem Segen,
doch da hat er schon aufgegeben.
Wie wesentlich ist doch das Lied,
denkt unser Christ, bevor er flieht.

Hinterfrager

Ein Christ sieht vor sich in Bewegung
den Theologen jüngster Prägung.
Das Hinterfragen ist modern,
und deshalb diskutiert er gern.
Weil dies meist abends gut gelingt,
zumal wenn man ein Schöppchen trinkt,
hat er Termine hier und dort
und hinterfragt von Ort zu Ort.
So kommt er meistens spät nach Haus,
die Fragen lassen ihn nicht aus.
Es könnt' freilich auch früher sein,
fiel' ihm 'ne klare Antwort ein.

Nimm dir Zeit?

Ein Christ sagt sich zur Weihnachtszeit,
der Weg zur Krippe ist zu weit. –
Sein Stolz und seine Eitelkeit,
sie flüstern ihm: „Es hat noch Zeit!" –

Dies ernst zu nehmen ist fatal.
Sieh´, Hirt und Weise stehn zur Wahl
und lehren Demut allzumal. –
Der Weg zur Krippe ist nur schmal!

Weihnachtsgeschenke – Lust und Frust

Ein Christ muss noch am Weihnachtsmorgen
Geschenke hier und da besorgen,
denn Leute, die er kaum gekannt,
bedachten ihn mit Gönnerhand.
Bei Gott, man weiß, er ist kein Raffer,
sein Geldbeutel wird schlaff und schlaffer,
will er's doch diesen Leuten zeigen,
auch ihnen ein Präsent bereiten.
So geht es hin und wieder her,
und alle freun sich immer mehr.
Geschenke gehn, Geschenke kommen,
gefeiert wird, er denkt beklommen:
Was mach ich nur im nächsten Jahr?
Und dabei wird es ihm ganz klar,
was niemand wollte, wirklich nicht,
aus frohem Schenken wurde Pflicht.

Osterfreude

Ein Christ erlebt die Osternacht.
Seit Jahren ist er drauf bedacht,
schon bei der Osterkerze Schein,
beim Osterjubel da zu sein.
Die Liturgie, ehrwürdig alt,
lässt ihn von Kindheit an nicht kalt.
Begeistert, innerlich bereit,
erlebt er so die Festlichkeit.
Und wie das Halleluja klingt,
so Herz, Gemüt, so alles singt. –
Der ganze Christ erlebt erneut
die ewig junge Osterfreud.

Öko-Messe oder Messe?

Ein Christ, vom Pfingsthochamt zurück,
erlebt nun das Familienglück.
Die Schwiegertochter spricht es aus:
„Wir waren auch schon außer Haus.
Die Öko-Messe lud uns ein,
wir waren dort, sie war wohl klein,
doch der Gesamteindruck ist gut.
Vor der Chemie seid auf der Hut!"
Der Christ denkt dabei, leider still,
der Geist weht freilich wo er will.
Doch bleibt im Zweifelsfalle wahr,
dass er bestimmt im Hochamt war.

Erntedank

Ein Christ kniet hin zum Erntedank.
Familien füllen Bank für Bank,
und alle beten: „Dank sei Gott,
für diese Gaben, für das Brot."
Mit Orgel, Zither, Dreigesang,
bei Flötenspiel und Harfenklang
erklingt sodann auf schlichte Weis
Volkstümliches zu Lob und Preis. –
Weil Groß und Klein hier miterlebt,
wie diese Frömmigkeit bewegt,
wird nicht gefragt, was das noch soll,
bleibt diese Andacht eindrucksvoll.

Titelsucht

Ein Christ, erpicht auf Anerkennung,
vermisst bei seiner Namensnennung
ein Prädikat, das jeden mahnt,
ihn hoch zu ehren. – Doch ihm schwant,
dass er es soweit auch noch bringt.
Vielleicht schon, wenn er einfach singt? –
Wie er zu Titeln kommen kann,
bedenkt er jetzt schon jahrelang.
Wie schön klingt doch „Geistlicher Rat",
„Hochwürdigster" und, in der Tat,
„Ehrwürdiger" ist auch noch gut.
„Monsignore", wie wohl das tut. –
Da wird er einmal abgelenkt,
von einem, der sich sehr anstrengt
und seine Hilfe brauchen kann.
Er zögert nicht, er fasst mit an.
Weil das den andern so geschont,
wird er sofort von ihm belohnt:
„Sie sind ein liebenswürdiger,
ein wirklich aufmerksamer Herr."
Der Christ ist momentan belehrt
und von der Titelsucht bekehrt.

Schnitzel und Segen

Ein Christ, wallend zum Gnadenbild,
ist von der Hoffnung ganz erfüllt,
dass dieser Tag ihm Segen bringt. –
Vielleicht, dass es ihm heut´ gelingt,
aufs Wiener Schnitzel zu verzichten
und einmal Buße zu verrichten. –
Doch niemand soll es mitbekommen,
was er sich heute vorgenommen. –
Am Wallfahrtsorte angelangt,
singt er und betet und bedankt
sich für den wunderschönen Tag,
der ihm so sehr am Herzen lag.
Nun will er noch zur Andacht gehen
und müsste er sogar dort stehen.
Da streifen ihn die Bratendüfte
und voller Würze sind die Lüfte.
Das Schnitzel zieht ihn in´s Lokal
dort isst und trinkt er ganz normal.
Zwar wollte er's zunächst nicht kaufen,
trotzdem, der Tag ist gut verlaufen.
Nun kann er heimwärts sich bewegen
er hat das Schnitzel und den Segen.

Der Choleriker

Ein Christ ist als Choleriker
in hohem Maß´ auch Kritiker.
Nicht alles, was man ihm serviert,
wird hinterher auch akzeptiert.
Oft wirft er wenn und aber ein,
will anders´rum moderner sein.
Reformen gehen von ihm aus,
man hört ihn an, kommt in sein Haus.
Der Gottesdienst wird umgeplant.
Was man vor kurzem nicht geahnt,
er setzt es durch mit Geist und Kraft.
Gott Lob, wenn er nichts Falsches schafft.

Der Sanguiniker

Ein Christ ist Sanguiniker,
und wohl auch darum freundlicher
als jener, der ihn stets belehrt.
Vom neuen Geist zwar nicht betört,
doch leicht begeistert und entzückt
wenn wieder etwas gut geglückt,
ob das nun Lieder, ob Konzil,
neue Gewänder, Predigtstil,
bleibt er stets heiter und genießt
Reformen nur als Optimist.

Der Phlegmatiker

Ein Christ wünscht als Phlegmatiker
sich selten etwas sehnlicher
als Ruhe, Friede, Wohlergehn.
Er würde es recht gerne seh´n,
wenn dies auch wieder, altbewährt,
im Sonntagsgottesdienst einkehrt.
Ihn stört, wenn er, wie im Betrieb,
tun muss, was ihm nur selten lieb;
denn, wenn sein Herz Gott nahe fühlt,
wird es von außen unterkühlt.
Die Liturgie ist ihm ein Graus,
deshalb bleibt er jetzt oft zu Haus.

Der Melancholiker

Ein Christ und Melancholiker,
der seiner Sorgen selten Herr,
gerät zu allem Überfluss
auch mit der Kirche in Verdruss.
Durch Neues, das jetzt eingeführt,
fühlt er sich ständig irritiert.
Voll Traurigkeit blickt er zurück
auf schwindendes, kindhaftes Glück.
Wenn man auch sonstwo fröhlich ist,
er denkt und warnt als Pessimist.

Nichts geht über den Kaplan

Ein Christ liest es im Sonntagsblatt,
dass sein Kaplan Geburtstag hat. –
Nun ist der längst schon ein Prälat.
Ganz oben hört man seinen Rat.
Doch bleibt er in Erinnerung
an eine Jugendzeit voll Schwung,
an Jugendmessen, stark besucht,
an Einkehrtage, ausgebucht,
an Singekreis und Lautenklang,
als der, mit dem dies gut gelang. –
Ihm dies zu sagen, spricht er dann
den Herrn Prälaten förmlich an,
schreibt seinen Glückwunsch mit Elan,
und sieht dabei doch den Kaplan.

Frühaufsteher

Ein Christ, ein Mönch, der früh aufsteht
und schon vor sechs zur Laudes geht,
vergleicht dies höchstwahrscheinlich nicht
mit dem, was and'ren Frühschicht ist. –

Der Bäcker in der Bäckerei
kann zwar auch beten, schon um drei,
doch tut er dies die ganze Schicht,
sind frühe Brötchen nicht in Sicht.

Und wenn ein Mönch, statt zum Gebet,
sich früh begibt ans Druckgerät,
macht er nicht das, was ihm obliegt:
Mitbeten, dass das Gute siegt. –

Dass „Frühschicht" harte Arbeit ist,
das merke sich der clev're Christ,
der damit jetzt zur Betzeit lädt –
„Laudes" klingt wohl zu aufgebläht.

Anders fromm

Ein Christ, der große Städte sah
und auch in vielen Ländern war,
weiß sicherlich ganz gut Bescheid
um Liturgie und Frömmigkeit. –
Wurde er hier enthusiasmiert,
hat man ihn anderswo schockiert.
Denn da sorgt man mehr für´s Gemüt,
dort wird die Wissenschaft bemüht.
Und hat die Perle er entdeckt,
erklären and´re sehr direkt:
„Uns scheint die Frömmigkeit nicht echt,
wir halten uns ans Kirchenrecht."
Der Christ wird weise und sieht ein,
der Formen müssen viele sein.
Gefühle, Sinne und Verstand
sind anders fromm in jedem Land.

Auf Dienstreise

Ein Christ, kirchlich in Dienst genommen,
tut dies und jenes, unbenommen,
pflegt auch Kontakte hier und dort,
reist gern an einen Tagungsort. –
Letzteres scheint ihm sehr zu liegen.
Wie mach ich's nur, wie kann ich's biegen,
denkt er und sieht auf einem Plan,
die Weiterbildung steht noch an.
So kann er sich erneut anmelden. –
Die Dienststelle sieht ihn nur selten.

PGR-Geplauder

Ein Christ im Pfarrgemeinderat,
mahnt: „Weg von Worten, hin zur Tat!"
Und dann erklärt er, wie er's meint,
wie man die Kräfte besser eint.
Dass alles besser würde, wenn ...
ein jeder wüsste darum, denn ...
auch wenn es anders käme, dann ...
doch wer schon könne sagen, wann ...
und darum soll man fragen, wie ...?
Die Sache sei ja sicher die,
der Umstand aber doch wohl der.
Und darum müsste jemand her. –
Der Pfarrgemeinderat meint, ja,
das alles ist ja sicher wahr. –
Dann fängt der nächste Redner an.
Die Zeit ist wiedermal vertan.

Angeber

Ein Christ denkt an die Eitelkeiten,
die nicht nur hoch zu Ross anreiten,
sondern auch, ganz schnell mitunter,
beim Fußvolk aufblühn, oft noch bunter:
Da wird die Sünde toll kaschiert,
dass sie als gute Tat fungiert.
Dort sein Talentchen selbst gepriesen,
und dabei wiedermal bewiesen:
Wer angibt, der hat mehr vom Leben,
doch innerkirchlich auch noch Segen.

Kirchenbilder

Ein Christ, im Kirchendienst ergraut,
auf fünfundzwanzig Jahre schaut,
in denen er sich ohne Scheu
für sie gemüht hat, redlich, treu.
Die Kirche selbst erlebte er
als Felsen und als Schiff im Meer.
Zuerst schien sie ihm klotzig, streng,
für alles Gute viel zu eng.
Er sucht sie später manches Mal
auf Höhen und im Wellental.
Schien der Verstand sie mal entdeckt,
blieb dem Gemüt sie oft versteckt.
Die Kirche sieht er heute so:
Wer mittut, der wird wieder froh.
Wer haltlos ist, der findet Halt.
Wer Wärme sucht, der bleibt nicht kalt.

Täufling Balduin

Ein Christ hofft, dass es bald beginnt,
denn, der getauft wird, ist sein Kind.
Unruhig geht er hin und her
ob noch was zu beachten wär´. –
Den Tanten ist zuviel Betrieb,
doch Täufling Balduin ist lieb. –
Dann endlich kommt der Herr Pastor,
er stellt sich der Familie vor.
Da hat der Pate wieder Mut,
und Täufling Balduin, er ruht.
So man das Kreuzchen machen darf,
seufzt Oma Lieschen: „Ach, wie brav." –
Der Christ holt nun die Kamera
und knipst für die Familia.

Ein Tonband nimmt die Feier auf,
entsprechend auch ist der Verlauf.
Dieweil der Pate sich gejuckt,
hat Täufling Balduin gemuckt.
Der Priester nimmt die Salbung vor,
drum liegt der Heide auf dem Ohr.
Darob erbost, weil man sich's traut,
wird Täufling Balduin jetzt laut.
Entsetzt schiebt aus dem Hintergrund
ihm wer den Schnuller in den Mund. –
Dann ist zur Taufe man bereit.
Doch Täufling Balduin, er schreit.
Der Pate schaukelt, klopft und spricht,
ihm fliegt der Schnuller ins Gesicht.
Die Taufgesellschaft wird nervös,
denn Täufling Balduin bleibt „bös". –
Gespendet wird das Sakrament
ein jeder jetzt den Namen kennt.
Vor Freude manche Träne fließt,
denn Täufling Balduin ist Christ.
Noch lauter schreit er als vorher.
Vielleicht fühlt er die neue Ehr´,
dass man als Laie dann und wann
die Stimme laut erheben kann.

Familienkreis

Ein Christ liest aufmerksam den Brief,
der aufzeigt, was so alles lief
in der Pfarrei, in der er wohnt.
Es steht darin auch, dass sich lohnt
selbst mitzutun auf seine Weis´. –
„Wie wär's mit dem Familienkreis?",
so denkt er und so fragt er sich,
besprochen wird's am Mittagstisch.-
Ja, die Familie ist dafür,
ist's doch ein Kreis für alle vier. –
Nach einem Jahr stellen sie fest,
gelungen ist der „mach-mit"-Test.
So freut sich die Familie heut´,
denn keiner hat den Schritt bereut,
den man schlechthin den ersten nennt,
der uns so oft vom Guten trennt.

Freie Sicht

Ein Christ sitzt in der Kirchenbank.
Da kommt vor ihn, groß wie ein Schrank,
ein Mann, der ihm die Sicht wegnimmt.
Der Christ rückt weiter, leicht verstimmt,
doch bald merkt er, hier zieht es sehr.
Dagegen machtlos wechselt er.
Jetzt sitzt er nahe am Altar.
Jedoch in Eile übersah
er jenes Schildchen „Reserviert".
Mit Küsters Macht kurz konfrontiert,
eilt er nach hinten, ist entsetzt,
denn alle Bänke sind besetzt.
Ins Seitenschiff weicht er jetzt aus,
dort hört er nichts. – Christ halte aus!

Teure Kommunion

Ein Christ sitzt vor dem Wirtschaftsgeld
und rechnet aus, was er behält,
wenn dieses Jahr sein jüngster Sohn
mitgeht zur ersten Kommunion. –
Das Fleisch, die Torten und der Wein,
das alles muss ja schließlich sein. –
Allein, da die Verwandtschaft groß,
wird er sein Geld entsprechend los. –
Die Zeit vergeht, der Tag ist da.
Sie kommen all´ von fern und nah´
mit Schuhen, die meist schwarz gelackt. –
Geschenke werden ausgepackt.

Der Bub darf alles kurz besehn,
dann muss er schnell zur Kirche gehn.
Tapfer bemüht er sich dort jetzt,
dass er nicht von Geschenken schwätzt. –
Der Gast ist überzeugt davon,
hier lebt christliche Tradition.

Kein Kulturbanause

Ein Christ, dem Tief zu Haus entfleucht,
wird auch am Reiseziel enttäuscht,
denn hier wie dort ist es zu kühl
für's Sommerferiengefühl.
Nach Süden fährt er, weil er schlau,
jedoch der Himmel wird nicht blau.
Noch südlicher? – Das Geld ist rar,
und dort bezahlt man nur in bar. –
Der Christ wählt nun die and're Tour
und folgt den Spuren der Kultur.
Bald freut er sich ob seiner Wahl;
das Wetter ist ihm fast egal.

Päpstin Johanna

Ein Christ verfolgt mit Heiterkeit
den mancherorts geführten Streit:
Was Frauen alles sollen wollen
und Männer nicht mehr wollen sollen.
Ob Priesterinnen gut, ob schlecht.
(„Päpstin Johanna" doch bald echt?)
Ob man noch für den Zölibat?
Gibt Rom den letzten, besten Rat?
Wer alles Wahrheiten erspürt
und darob seine Fehden schürt.
Was manche so an Thesen wagen,
gern über Sinn und Wesen tagen!
Dies und mehr, bei Neid und Streit
braucht's etwas mehr Gelassenheit.

Der Held

Ein Christ träumt gern von Heldentum
und folgerichtig auch vom Ruhm,
den er selbstredend von sich weist,
auch wenn ihn irgendwer verheißt.
Die Heiligen – ja gut und schön,
doch sollte man ihn einmal seh'n,
wenn er wie jene Gnade hätte,
wie dann die Menschheit staunen täte.
Ein Mystiker könnte er werden,
ein Redner, viel gesucht auf Erden.

Askese würde er dann üben,
dem Sünder gütig Sünden rügen.
Vielleicht ging er in eine Klause
oder auch wie Sturmgebrause
zu den neu entdeckten Heiden.
Stets jedoch blieb er bescheiden.
Daran sollte man erkennen,
hier ist nicht nur Stroh am Brennen. –
Die Gedanken sind so herrlich,
manchmal sogar unentbehrlich,
so dass sie sich, wie eben jetzt,
beim späten Zechen festgesetzt.
Der Christ denkt noch an Heldentum
und folgerichtig auch an Ruhm,
den er nun nicht mehr von sich weist,
sondern jetzt sich selbst verheißt.

Pfarrbrief

Ein Christ bemerkt beim Pfarrbrieflesen,
dass wieder mal viel los gewesen.
Die Weiterbildung ist modern,
so lud man Damen ein und Herr´n,
rief Jugendliche, bat Senioren,
damit die Fragen nicht mehr bohren.
Der Referenten große Zahl
ließ den Veranstaltern die Wahl.
So kam´s zu mehreren Vorträgen,
die jetzt den Pfarrbriefinhalt prägen.
Dagegen leidet eher Not
das Gottesdienste-Angebot,
Gemeinde baut sich vom Altar,
das scheint heut nicht mehr allen klar.
Ist Bildung Nummer eins im Leben?
Soll die Gemeinde danach streben? –
Wo bleiben Liturgie und Kult?
Wer trägt an dem Versäumten Schuld? –
Ein Christ denkt nach dem Pfarrbrieflesen,
dass leider nicht viel los gewesen.

Der Schwätzer

Ein Christ, der etwas auf sich hält,
beachtet das Geschehn der Welt
und zeigt sich höchst interessiert,
wenn irgendwo etwas passiert.
Kultur, Wirtschaft und Politik
macht er auf seine Art publik.-
Wie schön ist´s doch im Freundeskreis,
wenn man noch etwas Neues weiß
und, was die Nachbarschaft angeht,
so wirkt er dort wie ein Magnet,
der zieht die Neuigkeit heraus,
aus jedem umliegenden Haus.
Er sieht und hört, erkundigt sich
und gibt es weiter brüderlich
an jene, die ihn dafür kennen.
Der Christ könnte nicht alle nennen,
nähme er sich auch jede Zeit.
Fürs Schwätzen gilt: Allzeit bereit!

Stola und Beffchen

Ein Christ, der auf die Einheit setzt,
deswegen Ökumene schätzt,
ist heute Gast bei einem Paar
und Zeuge vor dem Traualtar.
Der Pfarrer ist dort nicht allein,
sie trauen dieses Paar zu zwei´n.
Die Ökumene wirkt vor Ort,
das Beffchen hier, die Stola dort. –
Was man dazu auch sagen mag,
der Christ spürt es an diesem Tag:
Zwei Liebende, die drauf bestehn,
bewirken das Zusammengehn.

Verstanden werden und verstehn

Ein Christ, der gerne hochdeutsch spricht,
doch oft ein Mundartwort erwischt,
hat sich's noch einmal überlegt,
hat für und wider abgewägt
und bleibt im Pfarrgemeinderat,
in dem er Sitz und Stimme hat;
denn seine Meinung ist gefragt,
auch wenn er sie in Mundart sagt. –
Dasselbe Wort aus anderm Mund,
das macht die Sprache ja erst bunt.
Doch wichtig ist und auch bequem,
verstanden werden und verstehn.

Der Superaktivist

Ein Christ ist Superaktivist.
Wer weiß schon, wo er grade ist?
Zu Tagung, Treffen, Schulungen,
Vorträgen und Versammlungen
holt man ihn, schickt ihn, zieht's ihn hin.
Geistig wächst ihm daraus Gewinn,
denn ohne Zweifel hört er dort
manch klug gewählt, zeitnahes Wort.
Das macht der Christ nun nebenher,
und dennoch leistet er dort mehr
als in Familie und Beruf. –
Folgt er hier wirklich Gottes Ruf?

Lesen! Lesen!

Ein Christ steht vor dem Schriftenstand.
Er findet darin allerhand,
was überwiegend lesenswert,
was aktuell oder bewährt.
Bestseller stehen gut platziert,
das Angebot scheint wohlsortiert. –
Dann denkt er an die Diskussion,
und da bedauert er es schon,
dass mancher sich am Reden labt,
der vorher nichts gelesen hat.

Ruhe sanft

Ein Christ muss zur Beerdigung.
Der Tote, durch Verbrüderung
war ihm ein guter, alter Freund.
Drum hat er Pflichten weggeräumt
und ist in Trauer hingeeilt,
wo jetzt der Priester Trost erteilt.
Ein Bild entsteht vom braven Mann,
der lieb war, gut und arbeitsam.
Vom gold´nen Faß steigt Rauch empor,
von hinten singt ein Männerchor.
Dann ziehen alle an das Grab,
dort lässt man still den Sarg hinab. –
Die Redner treten langsam vor,
sie lesen ab, man ist ganz Ohr:

„Wir kannten uns´ren Kamerad',
er half uns stets mit Rat und Tat!
Sein Pflichtgefühl war unerreicht,
darum sei ihm die Erde leicht." –
Nun werden Kränze aufgestellt
mit Bändern, bunt und leicht gewellt. –
Der Tote ist genug geehrt,
die andern sind schon eingekehrt.
Der Christ trifft sie beim Essen dann,
dort fängt man zu vergessen an.

Blamage

Ein Christ hat eben sich blamiert.
Nun ist er merklich echauffiert,
und will partout niemanden seh´n. –
Darin kann man ihn wohl verstehn.
Jedoch, dass er zu Hause grollt,
verletztem Stolze Rache zollt
und anderen die Schuld zuschiebt,
das macht ihn auch nicht sehr beliebt.
Der Christ, der das sonst selbst bedenkt,
vom eignen Ich jetzt falsch gelenkt
jene Gedanken auch noch nährt,
wird erst vom Zeitablauf bekehrt.

Brot, Brot, Brot

Ein Christ sieht groß im Angebot:
Viele Sorten frisches Brot!
Was wohl aus diesem Segen wird,
wenn sich der Einkaufsleiter irrt?
Wenn dann zum Kauf kaum wer bereit,
und wenn das Brot doch liegen bleibt? –
Was geschieht mit viel Geehrtem
und seit Urzeiten Bewährtem? –
Besser nicht so viele Sorten,
aber billiger an Orten,
wo man nicht viel Geld besitzt,
wo man noch malocht und schwitzt.
Brot braucht jeder! Brot in Ehren!
Lasst uns dies doch wieder lehren.

Der Stadtmensch

Ein Christ begibt sich in die Stadt,
obwohl er nichts zu kaufen hat.
Im Gegenteil, heut hat er frei
und will sich wohlfühlen dabei.
Zunächst zog es ihn in den Wald,
doch die Idee entließ er bald,
denn ganz allein in der Natur,
das scheint ihm nicht die rechte Kur.
Blumen und Bäume kennt er ja,
und Unterhaltung fehlte da.

Drum drückt er sich jetzt durch´s Gewühl,
bekommt mal dies, mal das Gefühl.
Sieht Kleider, Bonbons, Kochtöpfe,
Eßbesteck und Futternäpfe,
riecht Bratwurst, Schaschlik, Kuchenduft,
hört wie man pfeift, singt, lacht und ruft.
Er braucht das alles, sucht Bewegung,
erhofft sich davon die Belebung,
die er an Urlaubstagen liebt.
Und weil es das im Wald nicht gibt,
geht er, wenn er Urlaub hat,
frühmorgens immer in die Stadt. –
Der Arzt stellte bei ihm jüngst fest:
gereizt, zu dick, nervös, gestresst
und gibt den guten Rat sodann:
„Schwimmen oft im Bade Bahn um Bahn.
Du hast es ja dorthin nicht weit,
und du bleibst fit für lange Zeit."

Leiden für die Schönheit

Ein Christ hört gerne Werbefunk,
und Schlager bringen ihn in Schwung.
So fühlt er sich, was er auch ist,
als ein durchaus moderner Christ.
Doch diesmal wird er auch betört
von dem, was nebenbei er hört.
So sucht er Schuhgeschäfte auf,
weil er ja Geld hat für den Kauf.
Manch einer passt, doch er verneint,
der Werbefunk hat „den" gemeint.
Er zieht ihn an, o weh, der drückt,
doch ist er dennoch sehr entzückt.
Der Fuß wirkt schlank, betont, gewagt,
so wie der Werbefunk es sagt.

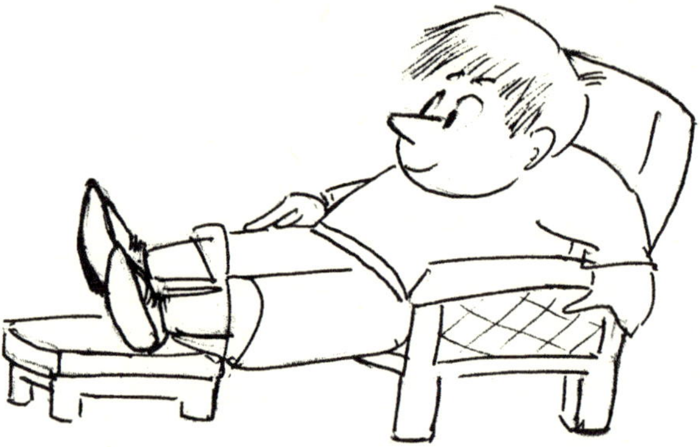

Nun schreitet er zum Spiegel hin,
ja, das ist wirklich ein Gewinn.
Obwohl sie etwas eng, die Schönen,
der Fuß muss sich daran gewöhnen,
kauft sie der Christ für teures Geld.
Nun ist er wieder – Mann von Welt.

Demonstrationen

Ein Christ voll Ärger, ja empört,
total demonstrationsgestört,
lässt seiner Wut jetzt freien Lauf
und haut mit starken Worten drauf.
Des Pudels Kern, sagt er gewandt,
sind die, die eifrig schür´n den Brand.
Die jede „Demo" gerne stützen,
um als bestellte Heckenschützen
Unbequemen aufzulauern,
die anders sind, was sie bedauern.
Weltweit laufen die Aktionen,
deshalb will er stark betonen:
Wer demonstriert, sollte es wissen,
vielleicht hilfts nur den Heckenschützen.

Tschuldigung

Ein Christ sagt nicht bei jedem Streit:
„Entschuldigung, es tut mir leid."
Manchmal muss er darauf bestehn,
dass and're Fehler eingestehn.
Doch spürt er es wie jedermann,
dass, was sich anstaut, drücken kann. –
Hier leidet die Vergebung Not,
für Fried und Freud der schnelle Tod,
weil damit umzugeh'n verlernt,
wer sich vom Sakrament entfernt. –
Als Heilmittel sind unerreicht
die Buße und die Einzelbeicht.
Das Eingeständnis eigner Schuld,
bringt Seelenfrieden und Geduld.
Die Bitte um Vergebung ist
oft die Beendigung von Zwist.

König Fußball

Ein Christ sieht noch nach einer Tagung
die WM-Fußballübertragung.
Beide Mannschaften sind fit,
eine hoher Favorit.
Schnell wird noch die Zeit genommen,
und schon hat das Spiel begonnen.
Man stürmt, verteidigt, köpft, brilliert,
und auf den Rängen schreit und giert
nun jeder nach dem ersten Tor.
Sie verlangen es im Chor.
Da wird der Kapitän gefoult
und die Fangemeinde mault.
Alle sind nun aufgebracht,
und schon tobt die Fußballschlacht. –
Später warnen manche dann
vor nationalem Geltungsdrang.

Mit dem Auto mobil

Ein Christ schafft sich ein Auto an,
damit er besser leben kann.
Das kostet Geld. Er hat zwar welches,
doch ist es wenig im Verhältnis
zu dem, was er jetzt zahlen muss.
Na ja, vorher fuhr er im Bus.
Das kostet mit Familia
auch manche Mark über das Jahr,
und dabei war der immer voll.
Hingegen ist´s im Wagen toll.
Vorn sitzen zwei, dahinter drei,
schön ist die Autofahrerei.
Am Sonntag fährt man etwas weiter,
vorbei auch an so manchem Neider,
der es noch nicht soweit gebracht
und Schritt vor Schritt Spaziergang macht.
Nach zwei, drei Jahren ist´s soweit.
Gern ist der Christ dazu bereit,
den Wagen – nein, nicht zu verkaufen,
doch sonntags wieder gern zu laufen.
Das schont die Nerven, strafft den Bauch,
und Zeit zum Kirchgang bleibt ihm auch.
Der Christ fragt nicht von ungefähr,
wo da jetzt wohl der Fortschritt wär.

Mut statt Wut

Ein Christ in einer Straßenbahn
sieht sich die Flegeleien an,
die, selbstverständlich unbestraft
und ungerügt, der tuen darf,
dem Schönheit, Ordnung, Freundlichkeit
als Wertbegriffe fremd und weit.
Der Christ denkt abends noch beim Wein:
warum greift hier denn keiner ein?
Er diskutiert und ärgert sich:
Wann macht man endlich reinen Tisch?
Wem aber nützt im Bauch die Wut,
viel eher hilft: Vor Ort mehr Mut.

Jugendstil

Ein Christ denkt an die Jugendzeit
und überlegt, wie ist es heut´?
Galt damals schon die Jugend viel,
vor allem die, die nicht zivil,
so liegt auch jetzt die Jugend vorn,
und ihr zu schmeicheln, bleibt die Norm.
Die Werbung, jung und stets kussfrisch,
zeigt sich sehr gern teenagerlich; –
viele Männer, noch mehr Frauen
wollen jugendlich ausschauen.
Alles wird darangesetzt,
Pölsterchen fest eingepresst.

Fältchen werden streng behandelt,
Haare völlig umgewandelt,
und am Ende ist man dann
dem "Jugendstile" untertan,
singt im Falle eines Falles:
Jugend, Jugend über alles.
Das Resümee zu guter Letzt:
„Jung sein" wird wie einst vergötzt.

Gut gemeint

Ein Christ, mit Witzchen aufgetankt,
besucht sie, die schon lang erkrankt,
das Josefinchen – seine Frau,
und schon beginnt er mit der Schau. –
Nach vier, fünf Witzchen denkt er sich:
"Mir scheint, sie freut sich königlich.
Die Liebste, die fast schlapp gemacht,
hab´ ich ganz schön auf Trapp gebracht." –
Das Josefinchen lacht auch brav,
denkt aber sehnsüchtig an Schlaf;
und dass er nur still bei ihr sei,
das helfe ihr, das mache frei. –
Weil sie's verschweigt, er's nicht kapiert,
wird Heil durch Nähe nicht gespürt,
bleibt ihre Seele unberührt.

Selbstüberschätzung

Ein Christ, gerade eingewiesen,
hat gestern noch sich selbst gepriesen:
"Ich lebe recht, ich bin gesund,
ich ess´ nicht viel, ich treib´s nicht bunt,
ich bin auch sportlich sehr aktiv."
Jetzt liegt er da,
der Fuß steht schief.
Wer sucht noch länger nach Beweisen?
Es irren jene, die sich preisen!

Der Nächste – nicht!

Ein Christ, im Krankenhaus seit Wochen,
liegt pulsbefühlt und armzerstochen,
auf „Medizinisch" – Station vier –
im Dreibettzimmer an der Tür.
Er dachte noch in seinem Haus:
„Nun, ich geh´ hin und spanne aus,
denn Stress und Hektik fallen fort,
ich komm an einen ruh'gen Ort."
Das ist die fromme Denkungsart,
die sich nicht mit Wissen paart.
Doch mittlerweile fortgeschritten,
sagt unser Christ: „Hier wird gelitten!"
Obwohl jetzt keine Schmerzen drohn,
das Liegen hier, das langt dann schon.
Frühmorgens geht die Türe auf,
bleibt nicht lang zu im Tageslauf:
bei Schwestern, Arzt und Therapeut,
bei Putzfrauen und Handwerksleut´.
Die Tür geht auf, die Tür geht zu.
Du denkst, jetzt hast du deine Ruh´,
da kommt der Pfarrer auch noch an –
und mittags sind Besucher dran.

Der Christ, vom Krankenstress geschwächt,
fragt sich verstört: „Wo bleibt mein Recht?"
Bei dem Betrieb wird es noch Pflicht,
dass einer ruft „Der Nächste – nicht!"
Ihm geht noch viel im Kopf herum.
Er denkt auch mal an Heimsuchung,
die er zur Zeit bei sich erfährt,
und dass in ihr Gott Heil gewährt. –
Was er beim Pfarrer nicht gewagt,
wird leise im Gebet gesagt.
Weil lange dies nicht mehr geschah,
spürt er, wie notwendig es war. –
Dass ER besonders nahe ist,
bemerkt erst jetzt der kranke Christ,
wird dadurch innerlich bereit,
hat jetzt fürs Wesentliche Zeit
und spannt nun doch im Krankenhaus
– wenn auch auf andre Weise – aus.

Götter in weiß

Ein Christ erblickt den Arzt mit Titel,
wie sich's gehört, im weißen Kittel.
Das Stethoskop schaut keck heraus,
man ist so wer im Krankenhaus.
Den Kopf in schräger Aufwärtshaltung
bezeugt er Spezialentfaltung.
Die Linke in der Tasche wartet,
die rechte Hand ist frei und startet,
seine Worte unterstreichend,
steil nach oben, dort schnell weichend,
weil der Kranke etwas fragt,
was so gezielt sonst keiner wagt. –
Der Arzt gibt sich nun souverän,
er lässt den Laien schnell versteh'n,
dass außer ihm sonst niemand ruht,
dass man ja schließlich alles tut,
dass es um viele Kranke geht
und dass er dies gewiss versteht. –
Der Kranke ist jetzt unzufrieden,
denn Antwort ward ihm nicht beschieden.

Beten lassen

Ein Christ fängt an, mit Gott zu reden,
weiß er sich doch in großen Nöten.
Ein anderer lässt sich vertreten,
lässt jeweils dann im Kloster beten.
Der erste hat's von Kindheit an,
egal, wo immer, selbst getan.
Der andere glaubt fest daran,
dass man´s im Kloster besser kann.
Ein dritter auf dem gleichen Wege
hofft, dass ihm beides helfen möge. –
Die Bibel warnt dagegen jeden,
des´ Wahlspruch heißt: „Ich lasse beten!"

Kurzer Vorsatz

Ein Christ, der sich zum Arzt begibt,
wo er alsbald daniederliegt,
vernimmt es noch, der Arzt spricht´s aus:
„Sie kommen gleich ins Krankenhaus." –
Dort wacht er auf, den Tropf am Arm,
abwechselnd ist ihm kalt und warm.
Da denkt er: Komme auch, was will,
ich halte wochenlang hier still.
Ich will vor allem tapfer sein,
geduldig tragen jede Pein,
starkmütig alles gern bestehn,
sogar dem Tod ins Auge sehn. –
Was er am Tag versprochen hat,
ist schon vergessen über Nacht.

Gleich neben ihm liegt ein Herr Karscht,
der tags viel spricht und nachts laut schnarcht.
Das bringt die Vorsätze zu Fall.
Die Therapie ist ihm egal.
Er, der sich heldenhaft gesehn,
will jetzt nur eins noch, nämlich gehn.

Fertig gemacht

Ein Christ liegt jetzt im Krankenhaus,
denn etwas zehrt ihn sichtlich aus. –
Der Arzt meint, dass er's schaffen kann,
und kündigt die Behandlung an. –
Der Christ ist skeptisch, spricht dies aus
auch bei dem Diakon im Haus.
Der kommt gern wieder, sitzt bei ihm,
will auch den Priester herbemühn.
Da reagiert der Kranke knapp,
lehnt auch die Krankensalbung ab.
„Ich bin schon", sagt er mit Bedacht,
„zu Haus soweit fertig gemacht."

Guter Wille

Ein Christ hört immer wieder Klagen:
„Ach ja, das muss man halt ertragen."
Sind auch die Ursachen verschieden,
die Seufzer darf man nicht verbieten.
Doch Weile haben, Stille wagen,
ein gutes Wort dem Kranken sagen,
dies soll, wenn auch die Zeit bemessen,
Besucher "Christ" nicht ganz vergessen.

Loslassen

Ein Christ, schon älter, krank seit Jahren,
lässt die Genesungshoffnung fahren,
denkt schweren Herzens jetzt ans Sterben
und was zu tun ist für die Erben.
Sehr viel muss nicht geordnet werden.
Sein Nachlass wird wohl kaum gefährden,
weil er kein Anlass wird zum Streiten
oder dies und das zu neiden. –
Nun kann in Ruhe er beginnen,
sich seines Lebens zu besinnen,
sich über vieles sehr zu freuen,
doch dies und das auch zu bereuen.
Er lässt es dabei nicht bewenden,
lässt sich die Krankensalbung spenden
und beichtet vorher seine Sünden. –
Fragt man ihn jetzt nach dem Befinden,
so kann er leichten Herzens sagen:
„Ich hab´ nicht mehr so schwer zu tragen."

Heimweg

Ein Christ erwacht sehr früh am Morgen
und schon umkreisen ihn die Sorgen,
nicht von ihm lassend, Ängste bringend,
das Lied der tausend Nöte singend. –
Doch ewig nah ist guter Geist,
der Hoffnung ist und Liebe heißt,
der eine gute Zukunft schafft.
Er bietet Sorgenvollen Kraft.

Es kommen einsame Tage. –
Wer will schon alleine sein?
Da stellt sich Frage um Frage
ganz selbstverständlich ein.
Jetzt ist es gut zu wissen,
dass einer Antwort gibt
und selbst bei Hindernissen
durch sie hindurch uns liebt. –

Wenn alte Kräfte weichen,
wachsen uns neue zu,
damit wir bald erreichen:
Geist, Leben, Glück und Ruh´.
In Stunden letzter Begnadung,
Gott wird nah bei uns sein,
lockt er mit großer Erwartung.
Ihm folgend finden wir heim.

Inhalt

»» »» »»

Dieses Buch ist nach den neuen amtlichen Rechtschreibregeln gesetzt.

Einband und Buchgestaltung: Ulrike Vetter, Leipzig
Herstellung: Arnold & Domnick, Leipzig
Printed in the Czech Republic